MADAME LAUFFRAY

1844-1882

PARIS
IMPRIMERIE P. MOUILLOT
13, QUAI VOLTAIRE

1884

L^{27}_{n}
5269

MADAME LAUFFRAY

Ln 27

MADAME LAUFFRAY

1844-1882

I

Elle a quitté la terre avant d'avoir franchi les limites de la jeunesse, à cet âge où la beauté d'une femme n'est pas encore à son déclin, et où l'intelligence et le charme sont à leur apogée.

Elle avait ce prestige mystérieux que donne l'approche de la mort, cet empreinte céleste des « appelés » qui, dans les rêveries de l'âme prête à s'envoler, entrevoient déjà les grandeurs inconnues d'une autre vie.

Parfois, tandis qu'un sourire éclairait son visage, une larme brillait dans ses yeux ; c'est qu'alors le moment suprême des adieux, se présentant à sa pensée, déchirait son cœur en dépit de sa foi et de son courage.

Elle ressemblait à ces fleurs d'automne que la gelée n'a pas encore frappées, mais qui, sentant venir l'hiver, s'inclinent pâlies vers le sol. Ce n'était plus une femme, c'était une ombre charmante apparaissant comme un dernier songe !

Dès les premières atteintes de la maladie lente et invincible qui devait l'emporter, elle ne se fit aucune illusion, et s'avança avec confiance vers l'éternité.

En la voyant s'éteindre, on évoquait le souvenir radieux de la belle jeune femme admirée, entourée, enviée dans le monde, et, chez elle, utile, active et dévouée. Étoile brillante, voilée par un nuage sombre, elle n'était plus que le pâle reflet d'elle-même.

Jadis, dans l'antique hôtel où, à côté des élégances modernes, se dressent les vieux panonceaux, enseigne d'un siècle « d'honneur héréditaire », elle se trouvait, ainsi qu'une perle en son écrin, placée dans un milieu qui la faisait ressortir; elle avait embelli sa demeure par l'arrangement artistique qui donne au « chez soi » ce séduisant aspect que le luxe seul ne peut donner. Dans le gîte orné avec intelligence et goût, quand tout est harmonieux et agréable à voir, on ressent un bien-être indéfinissable, et la pensée se porte aussitôt avec une sympathique admiration vers « la fée du logis », car là où règne l'ordre sans raideur, là où les fleurs s'épanouissent aussi joyeusement que sous les rayons du soleil, il faut toujours chercher « la femme ».

Ce foyer heureux et charmant, hospitalier aux amis, animé par les fêtes, ce foyer dont elle était la souveraine aimée, reste sans elle sombre et désolé.

II

Son existence s'était écoulée tout entière dans une ville de province, et cependant elle avait l'aspect, les goûts et les habitudes de la femme la plus complète! C'est qu'il n'y a de sphère étroite et d'horizon borné que pour les esprits qui ne savent pas prendre leur essor, et le sien se portait tout naturellement vers tout ce qui était digne d'elle.

Ce n'est pas pour ceux qui l'ont connue que j'écris ces lignes, car tout ce que je dirai ne pourra jamais atteindre la hauteur de leurs souvenirs et de leurs regrets; mon but est de placer son portrait dans les archives de la famille afin que ses arrière-petits-enfants, en le trouvant, se disent avec orgueil : « Notre aïeule était ainsi ! »

Sa courte vie ne fut pourtant qu'une simple page de dévouement, de résignation et d'amour. Elle était encore enfant quand sa sœur aînée épousa celui dont plus tard elle devait être la consolatrice, car bientôt après cette première union pleine de promesses d'avenir, l'heureux foyer fut jeté en un deuil profond. Et tandis que ce deuil remplissait les cœurs, la petite sœur, presque oubliée, grandissait comme l'espérance, don du ciel s'imposant aux désolés de la terre.

Elle avait enfermé son âme dans une affection que chaque heure de la vie de famille développait; hors de là elle ne désirait et ne cherchait rien; sa mission lui semblait tracée par la volonté divine, et, mère par le cœur avant même d'être femme, elle donnait déjà les plus tendres soins maternels au fils de sa sœur, de cette aînée si belle et si accomplie, restée en sa mémoire comme un objet chéri de culte et d'admiration.

Pourtant on voulut étendre l'horizon de ses pensées et de ses rêves, lui faire connaître autre chose que cet intérieur qui lui suffisait et son entrée dans le monde fut un éclatant triomphe.

Son oncle, préfet d'Alger, la présenta

chez le maréchal de Mac-Mahon, alors gouverneur général de l'Algérie ; dans sa printanière fraîcheur, elle rappelait les gravures anglaises du *Livre de beauté*. C'était une page de *Keepsake :* traits fins et distingués ; teint transparent ; physionomie mobile, tantôt rieuse, tantôt songeuse ; taille souple, et démarche de Créole.

Dans cette colonie d'Afrique où la plus brillante jeunesse de l'armée française se groupait autour du duc de Magenta, elle fut entourée d'hommages ; mais son cœur était donné, et elle revint en Normandie s'enchaîner doucement là où elle devait trouver le bonheur de sa rapide existence.

Dès le début de son mariage, elle prit une haute place dans l'estime de tous, et, pour être à la fois aimée et admirée en province, il faut savoir naviguer entre les récifs les plus aigus, et ce n'est certes pas une navigation « d'eau douce; » quoique l'aspect d'une petite cité invite l'esprit au repos, dans ces rues tranquilles passent à toute heure une curiosité malsaine et le désir persévérant de trouver chacun en défaut; pour se faire aimer et honorer dans ce milieu restreint, il faut plus de tact, plus de prudence, d'habileté et de droiture qu'il n'est nécessaire d'en avoir pour mener à bonne fin les intérêts diplomatiques les plus compliqués; il faut surtout marcher entre ces petits périls quotidiens sans jamais songer qu'ils existent, et suivre paisiblement une route parfois étroite sans même apercevoir les cailloux du chemin.

Sa nature supérieure lui rendit cette tâche facile.

Elle avait une grande finesse d'observation, un jugement sûr, et elle exprimait d'une manière élégante des pensées toujours justes. Ne recherchant jamais le succès, elle ne passait cependant nulle part inaperçue, car les regards se tournaient vers elle par une attraction indépendante de sa volonté comme ils s'arrêtent sur un tableau de maître.

A un esprit vif, à une intelligence

très développée, elle joignait la douceur, la bonté, la tendresse, la charité; non pas seulement la charité qui donne, mais celle, plus rare et plus haute, qui excuse et pardonne. Aucun sentiment mesquin ne troublait son âme et une expression de bienveillante sérénité donnait à cette figure remarquablement distinguée un charme tout-puissant.

Elle aimait les fêtes par la seule raison que sa nature heureuse, gaie, brillante y recherchait le joyeux ensemble des lumières, de la musique et de la dansc, mais elle ne prît jamais souci de l'effet qu'elle y produisait.

III

Le supplice de son agonie dura cinq années.

Cinq années d'attente en face d'un arrêt irrévocable, d'une condamnation sans appel.

Et toujours la victime s'effaça devant la douleur des autres; dans sa grande âme de fille, de femme et de mère, il n'y avait pas de place pour elle-même.

Ne semblait-elle pas en effet créée pour le bonheur et la consolation des siens? Elle sut remplacer une sœur adorée sans effacer son souvenir et en laissant à côté d'elle le culte de la première disparue.

Entre le fils légué à sa tendresse et le sien, son cœur se partageait avec une égale sollicitude maternelle, et, si l'aîné n'eût semblé être son frère, on n'aurait pu dire lequel des deux était véritablement à elle.

Nul ne saurait peindre l'impression produite par cette héroïque « condamnée » ; elle comptait les derniers jours, les dernières heures et les dernières minutes de sa vie sans que rien de la mort vînt la dépoétiser ; à travers les plus atroces souffrances, elle restait élégante dans les moindres détails, et toujours charmante sous l'auréole des beaux cheveux dont sa tête n'avait plus la force de supporter le poids.

Sa mélancolique figure semblait entrevue par un clair de lune dorant son teint de pâles lueurs.

Sa taille s'alanguissait sans se courber et sans perdre ni sa souplesse ni ses lignes correctes ; tout en elle, seulement, devenait suave et aérien.

Et ce qui était encore remarquable, c'est qu'à travers les regrets déchirants qui remplissaient son âme, elle restait « femme du monde », oubliant ce qui la concernait, conservant toutes les grâces d'une conversation variée, entretenant chacun de ce qui l'intéressait particulièrement et jamais d'elle-même.

Aussi ceux qui la connaissaient à peine devenaient instantanément des amis, et son inoubliable sérénité, imposant la sympathie et le respect, ne s'effacera pas de leur mémoire.

IV

Durant ses nuits sans sommeil et ses jours sans repos, elle avait fait le sacrifice de sa vie, et quand on cherchait à la rattacher à des espérances humaines, elle répondait :

« Tout ce que Dieu fait est bien fait. Aujourd'hui je suis prête; qui sait si je le serais demain? »

Dans les crises douloureuses de sa longue agonie, ses regards se tournaient, tantôt avec une déchirante expression de regret vers ceux qui la pleuraient d'avance, qui en sa présence portaient déjà son deuil, et tantôt, avec la foi des élus, vers le ciel.

Tout gravitait autour d'elle dans la maison dont elle était le précieux joyau! On la transportait d'une pièce à l'autre, cherchant un rayon de soleil pour la réchauffer; sous ses fenêtres, les pampres s'enroulaient aux murailles centenaires; un coin du ciel lui apparaissait comme le phare apparaît au terme du voyage; les fleurs, qu'elle ne devait plus voir s'effeuiller, lui envoyaient leurs derniers parfums; l'oiseau, cherchant asile sur les grands arbres de la vieille demeure, disait pour elle le chant du départ, et elle entendait retentir sur le pavé le fer des chevaux qui ne devaient plus la traîner qu'à son dernier asile.

Et, dans le grand salon dont jadis, en dansant, elle effleurait à peine le sol, elle revoyait sa jeunesse passée, ses aspirations de jeune fille, ses joies d'épouse et de mère, tout ce qui allait disparaître. On l'avait installée là pour qu'elle eût plus d'air, et déjà elle ne pouvait plus respirer. Près d'elle, la tapisserie, trop lourde pour ses mains, restait inachevée; plus loin le piano,

BIBLIOTHÈQUE NATIONALE R.F. IMPRIMÉS

dernier écho de ses rêveries, restait muet, et la chère martyre, torturée par d'incroyables souffrances, s'affligeait des tristesses, des soucis et des peines dont elle était l'involontaire objet. Elle fut, à toute heure, sublime dans les moindres détails de son héroïque abnégation ce qui est bien plus difficile que d'être sublime dans une unique et grande occasion.

Sa dernière pensée fut une pensée de reconnaissance et d'amour : dans un adieu suprême, elle remercia son mari du bonheur qu'il lui avait donné; bonheur complet, car il savait l'apprécier à sa haute valeur et était digne d'avoir été choisi par elle entre tous.

V

Elle a laissé dans un désespoir profond ceux dont elle était l'orgueil et la joie. La pieuse et tendre mère qui reste agenouillée entre deux tombes peut dire :

« O vous qui passez sur la voie, arrê-
« tez-vous ici, et voyez s'il est une dou-
« leur comparable à ma douleur. »

Cette mère, si souvent et si cruellement frappée, compte à présent autant de liens là-haut qu'ici-bas, et, tandis qu'elle appartient toujours à ceux qui restent, son âme, à toute heure, s'élève vers ceux qui déjà sont partis.

C'est que, en face du passé, il y a l'avenir. Nos morts aimés ont quitté la terre avant nous, voilà tout ; et c'est seulement quand notre existence semble arrivée à son terme que se lève l'aurore de la vie véritable. Le juste expire, le visage calme, parce qu'il entrevoit le séjour éternel ; la tombe dans laquelle il va descendre est pour lui le berceau de l'immortalité.

La bien-aimée morte est partie ainsi, disant en son âme résignée !

« Seigneur, le jour baisse, il se fait tard et je ne vois plus !

« Mes derniers regards s'élèvent vers vous, car vous êtes la seule lumière qui m'éclaire encore, et, désormais, je ne reverrai ceux que j'ai tant aimés qu'à la lueur des clartés célestes.

« Seigneur, je n'entends plus leurs voix, mais vous entendez la mienne qui vous demande pour grâce suprême de laisser mon âme revenir ici-bas errer autour d'eux. »

Et son invisible présence sera la bénédiction de cette maison dont, hier, elle était l'idole et dont, aujourd'hui, elle est l'ange gardien! Rien n'a pu la détacher d'eux, car n'est-il pas écrit que « ce qui est lié et béni sur la terre est à jamais lié et béni dans le ciel? »

« Elle a passé comme un nuage,
« Comme un flot rapide en son cours,

Mais la demeure où elle fit ses premiers et ses derniers pas garde son empreinte, comme tous ceux qui l'ont connue garderont son souvenir.

Comtesse DE MIRABEAU.

Cossesseville, novembre 1882.

PARIS. — IMP. P. MOUILLOT, 13, QUAI VOLTAIRE. — 40906.

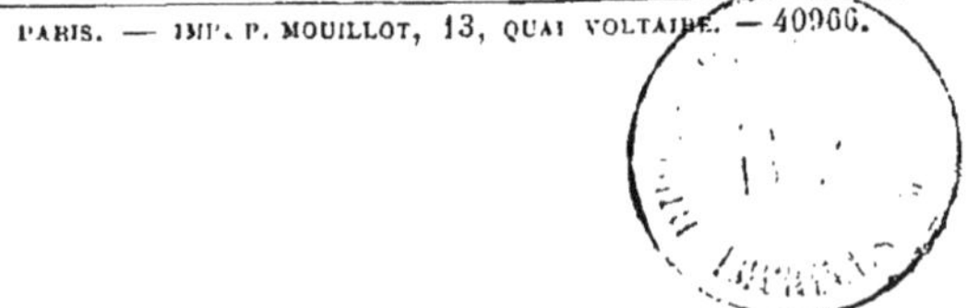

www.ingramcontent.com/pod-product-compliance
Ingram Content Group UK Ltd.
Pitfield, Milton Keynes, MK11 3LW, UK
UKHW021033220726
13924UKWH00001B/283